NOTES AU CRAYON

SUR

L'ALGÉRIE

PRÉSENTÉES

A LA SOCIÉTÉ DE GÉOGRAPHIE COMMERCIALE DE PARIS

PAR

JACOB DE NEUFVILLE

Ancien Agent consulaire de France
Membre de la Société de Géographie de Paris

PARIS
IMPRIMERIE CHAIX
IMPRIMERIE ET LIBRAIRIE CENTRALES DES CHEMINS DE FER
SOCIÉTÉ ANONYME
Rue Bergère, 20, près du boulevard Montmartre
1882

NOTES AU CRAYON

SUR

L'ALGÉRIE

PRÉSENTÉES

A LA SOCIÉTÉ DE GÉOGRAPHIE COMMERCIALE DE PARIS

PAR

JACOB DE NEUFVILLE

Ancien Agent consulaire de France
Membre de la Société de Géographie de Paris

PARIS

IMPRIMERIE CHAIX

IMPRIMERIE ET LIBRAIRIE CENTRALES DES CHEMINS DE FER

SOCIÉTÉ ANONYME

Rue Bergère, 20, près du boulevard Montmartre

1882

NOTES AU CRAYON

SUR

L'ALGÉRIE

Messieurs,

Puisque vous voulez bien me le permettre, je viens vous présenter quelques observations faites pendant un récent voyage en Algérie, comptant sur votre indulgence pour ces simples notes au crayon.

Tout Parisien connaît de nom l'Algérie et sa capitale Alger; mais on ignore généralement, d'une façon presque complète, quelles sont les ressources immenses et l'importance politique et commerciale de notre belle colonie.

On ne connaît pas non plus d'une manière suffisante les besoins de ce pays nouveau, et ce sera certainement un devoir aussi bien qu'un honneur pour nos Sociétés de Géographie françaises de signaler les améliorations nécessaires ou possibles.

La province d'Oran a jusqu'ici attiré de préférence les colons et les agriculteurs : aussi y trouve-t-on plus qu'ailleurs le sol défriché sur de grandes étendues, et l'agriculture rendue vraiment profitable par un certain nombre de grands barrages destinés à emmagasiner l'eau des rivières et à la distribuer équitablement.

Les Espagnols, il faut le reconnaître, ont contribué grandement à peupler ce département, comme défricheurs ils sont très estimés. Sobres et travailleurs, ils se contentent d'un salaire qui varie de 0 fr. 50 c. à 2 francs par jour.

Loin donc de partager la défiance de quelques Algériens à l'égard de cette population, nous croyons qu'elle mérite tous nos encouragements.

Ayant moi-même habité l'Espagne pendant trois ans, je crois pouvoir affirmer que l'homme des

champs y trouve moins de bien-être qu'en Algérie ; aussi rencontre-t-on aujourd'hui à Oran, et
même à Alger et à Constantine, de nombreux
Français ayant servi dans notre armée nés en
Algérie de parents espagnols.

Ces faits sont éloquents et doivent fournir un
puissant argument à ceux qui désirent favoriser
l'émigration par tous les moyens possibles.

Pour arriver à ce but, il est indispensable,
avant tout, que les moyens de communication se
développent rapidement, c'est une satisfaction due
aux Algériens qui la réclament depuis si longtemps,
et trop souvent, hélas ! inutilement.

Voici ce qu'écrivait en 1863 un sénateur bien
connu au maire d'Alger :

« Il faut qu'un fleuve de fer devienne le Nil
» d'Alger, il faut que ses transports à vapeur
» amènent jusqu'à votre port les trésors naturels
» du petit et du grand Atlas, et quelque jour,
» je suis assez audacieux pour l'espérer, il faut que
» votre fleuve locomotif franchisse le Sahara pour
» s'avancer sur les rives du Sénégal, véritable

» fleuve d'eau française ; mais laissons faire aux
» années l'œuvre fastique de la France. »

Près de vingt ans se sont écoulés depuis, et ce programme, nous sommes contraints de l'avouer, est loin d'avoir été rempli.

La sécurité est presque partout complète pour le voyageur et je me suis trouvé à plusieurs reprises, seul Européen au milieu de nombreux Arabes, loin de tout secours, sans rencontrer jamais la moindre malveillance.

La propriété, par contre, est quelquefois difficile à protéger, et ceci explique, dans une certaine mesure, la lenteur de la colonisation.

Aux États-Unis, le « Settler » ou colon est armé, il se défend en cas de besoin et porte secours à ses voisins s'ils le réclament.

Ici le colon algérien est traité, passez-moi le mot, en collégien ; on hésite à lui permettre le port d'armes, il ne peut facilement se procurer de la poudre sans permission, et si par malheur il répond aux menaces de quelques maraudeurs par un coup de feu, il risque fort de se voir condamné, après maintes vexations, pour homicide, coups et blessures, port d'armes illégal, etc., etc.

Dans les pays neufs et peu habités, la gendarmerie ne peut tout faire, la formation d'un corps spécial de gendarmerie mobile ou de chasseurs serait néanmoins utile et bien accueillie.

Routes et chemins de fer, barrages et gendarmerie : en doublant ces choses, vous décuplez la richesse du pays.

Aujourd'hui les routes ne sont pas partout assez bien entretenues; d'Oran à Tlemcen, par exemple, une file presque ininterrompue de chameaux, d'ânes, de chariots, diligences, cavaliers et piétons marche ou roule dans la poussière ou la boue jusqu'à mi-hauteur.

Le transport d'une barrique bordelaise d'Oran à Tlemcen coûtait cet été 28 francs.

Le trafic entre ces villes serait suffisant pour faire la fortune d'un chemin de fer, même faiblement subventionné : voilà une ligne nécessaire, de plus, stratégique; elle n'est pas encore commencée.

En signalant cette lacune une fois de plus, nous espérons avoir contribué à la faire combler.

Les plantations de vignes réussissent bien à Oran et même à Tlemcen, c'est la branche de l'agriculture qui se recommande le plus aux colons. Nos vignerons du Midi si éprouvés par le phylloxera pourront trouver là une sérieuse compensation, s'ils veulent s'en donner la peine.

Les bras manquent, dit-on : cela est vrai partout, mais de ce côté les Arabes seront pour l'avenir une grande ressource.

Peu à peu, ils consentent à travailler pour l'Européen, et j'ai été frappé d'en voir un aussi grand nombre occupés soit aux champs, soit dans les villages, soit même à la construction des routes et dans les gares, côte à côte avec l'homme civilisé.

Dans la province d'Alger comme dans celle d'Oran, un vaste champ est ouvert à l'activité des Européens ; c'est à dessein, Messieurs, que j'emploie ce dernier mot, car en arrivant en Algérie on n'est pas Français, Anglais ou Espagnol, mais avant tout Européen : on ne devient Français que par un long séjour.

Près d'Alger, la culture n'est plus, comme à l'Ouest, faite commercialement et sur une grande échelle ; on y est plutôt maraîcher, jardinier, amateur, grand ou petit propriétaire.

Alger est la seule ville réellement, essentiellement française de l'Algérie ; c'est là que finissent leurs jours ceux qui ont été heureux sur d'autres points de la colonie. C'est un petit Paris, je dirai plus, ce sera bientôt un second Marseille.

Là devront se rendre ceux qui ont le goût et la capacité des grandes affaires ; 120,000 habitants aujourd'hui, 300,000 dans quelques années peut-être, voilà ce qu'est Alger en deux mots.

Cette ville incomparable comme richesse, climat, situation et fertilité des environs n'attend, pour prendre un développement plus grand encore, que peu de chose :

Des chemins de fer qui la relient à l'Est et au Midi avec le cœur même du continent africain.

Il reste beaucoup à dire et à faire de ce côté ; mais là du moins des hommes éminents étudient toutes les questions et sauront les résoudre.

En Kabylie, presque rien n'a été fait, et nous espérons qu'on s'occupera chaque jour davantage de ce peuple si intelligent, si industrieux, qui n'a pas attiré les regards parce qu'il est peu remuant, tranquille et honnête.

A Bougie, la nature nous a tout donné : un des plus beaux ports de la Méditerranée, une végétation splendide, des terres fertiles ; il est temps pour nous de faire valoir ces richesses, si nous ne voulons rester au-dessous des anciens royaumes arabes, dont les ruines sont actuellement pour nous un sujet d'admiration en même temps qu'un reproche.

A mesure qu'on avance vers l'Orient, on est frappé davantage de la richesse du sol. Sétif est, comme autrefois, un grenier d'abondance, et Constantine, la ville arabe et hostile, sera transformée le jour où, reliée à Biskra et Touggourt par une voie ferrée, le trafic des caravanes aura cessé.

Alors seulement le trafic du Soudan via Aïn Salah nous appartiendra, au lieu de passer par Ghadamès et Tripoli comme aujourd'hui.

De Constantine à Batna, le chemin de fer fonctionnera cette année. Depuis longtemps ce travail est considéré comme un effort de la civilisation, à en juger par le temps qu'on a mis à l'accomplir.

De Batna à Biskra les difficultés sont minimes, le trafic considérable: un chemin de fer est utile, on le dit depuis longtemps, souhaitons qu'on l'entreprenne sans délai.

Parmi les richesses du sol, le dattier peut être placé en première ligne, il fournit au commerce d'exportation un aliment considérable; Biskra en possède 150,000 et reçoit les dattes des oasis environnantes, Chetma, Sidi Khelil, Sidi Okba et plusieurs autres, sans compter celles de Touggourt. Le Zab, d'après des recensements récents, a plus de 500,000 palmiers dattiers, dont la récolte se fait habituellement entre le 15 octobre et le 15 novembre. En améliorant le système d'irrigation, on pourra augmenter ce nombre assez sensiblement.

A Biskra, par exemple, l'eau de l'Oued, au moment des grandes crues, ne peut être utilisée en totalité faute d'un canal suffisant, et va se perdre dans le désert. L'eau qui se perd ainsi suffirait pour faire vivre plusieurs milliers de dattiers.

D'après les renseignements que j'ai pu recueillir à Biskra, il y a quelques semaines, la valeur du dattier varie suivant sa qualité, sa situation et son âge de 35 à 110 francs. La production, frais déduits, serait en moyenne de 10 à 40 francs par arbre, on peut compter bon an mal an sur un revenu de 25 à 35 0/0. Nous engageons vivement ceux de nos compatriotes qui s'établiront en Algérie avec des capitaux à entreprendre l'exploitation des oasis, où peu d'Européens s'en occupent.

Il est vrai que plusieurs Sociétés se sont formées pour acheter des plantations dans les Zibans ; cette mine n'est pas inépuisable, elle appartiendra aux plus actifs et aux plus entreprenants.

L'Arabe, actuellement propriétaire, deviendra peu à peu fermier ; l'usage est de donner à ce dernier la cinquième partie de la récolte. L'exploitation est à sa charge.

Les environs de Philippeville, de Bone et de Bougie sont peut-être les points les plus riches comme végétation et fertilité ; l'Européen s'y trouve cependant souvent empêché d'acquérir le sol, ne pouvant obtenir des titres de propriété quelconques de la part du vendeur indigène.

Il serait désirable, pensons-nous, qu'une loi vînt remédier à cela et qu'on pût également constituer ou reconstituer les titres de propriété qui n'existent pas après s'être soumis à certaines formalités.

Tant que cela n'aura pas eu lieu, une étendue importante de terres cultivables ne pourra être aliénée par les indigènes, car l'acheteur s'expose continuellement à des revendications sans fin.

De grands incendies ont récemment appelé de nouveau l'attention sur une réforme urgente.

Les forêts tendent à disparaître faute d'une surveillance suffisante, et les Arabes continuent à brûler partout les broussailles dès que, par leur hauteur, elles gênent les troupeaux. Ce fait qui est

connu de tous ceux qui se sont occupés de l'Algérie, n'est peut-être pas étranger aux sécheresses
exceptionnelles de ces dernières années.

Les colons demandent avec raison que le personnel forestier soit augmenté dans une large
mesure, il se trouve aujourd'hui paralysé par
l'insignifiance de son effectif.

Pour terminer d'une façon pratique ce petit
exposé, je vous propose, Messieurs, de formuler
le vœu que les questions suivantes reçoivent une
prompte solution :

Construction d'un chemin de fer d'Oran à
Tlemcen ;

Établissement d'une voie ferrée entre Batna,
Biskra et Touggourt ;

Augmentation du personnel forestier ;

Création d'une gendarmerie mobile qui puisse
sillonner continuellement le pays.

Si nous obtenions ces choses, j'aurais l'espoir
de n'avoir pas trop abusé de votre patience.

PARIS. — IMPRIMERIE CHAIX, 20, RUE BERGÈRE. — 3

www.ingramcontent.com/pod-product-compliance
Lightning Source LLC
Chambersburg PA
CBHW062318070726
47596CB00009B/2275